Contemporary Music of Japan

SONATE
pour Alto et Piano

Akio YASHIRO

現代日本の音楽

ヴィオラとピアノのためのソナタ

矢代秋雄

音楽之友社

ONGAKU NO TOMO EDITION

ヴィオラとピアノのためのソナタ──矢代秋雄

作曲：1949年11月18日から1950年4月12日
補筆：2019年 西村朗

■作曲の背景

　矢代秋雄は、日本の戦後作曲界において、伝統的でアカデミックな技法を極め、仕上げの良い音楽を残した。フランス留学から帰国して以降は作曲だけでなく、東京藝術大学で多くの優秀な弟子を育て上げ、教育者としても我が国の音楽界に果たした影響は大きい。46年の生涯を通じて残した作品数は多くないが、どれも入念に素材を選び抜き、何年もかけて完璧に仕上げられたものばかりである。生前に作成された主要作品表には、東京音楽学校の本科卒業作品として作曲された《ピアノ三重奏曲》（1948）を最初の作品として、《ピアノ連弾のための古典組曲》（1951）、《弦楽四重奏曲》（1955）、《交響曲》（1958）、《2本のフルートとピアノのためのソナタ》（1958）、《チェロ協奏曲》（1960）、《ピアノ・ソナタ》（1961）、《ピアノ協奏曲》（1967）の8曲が掲載されている。遺作の《ヴァイオリン協奏曲》は未完のまま、5ページ（37小節）のみ残されたが、作品表に記載された以外にも見逃されるには惜しい珠玉の小品や、改めて検証されるべき作品がある。

　特に、東京音楽学校在学中に書いた室内楽から管弦楽まで多くの作品には昨今、光が当たるようになってきた。そのなかでも《ヴィオラとピアノのためのソナタ》は、日本ではほとんど作曲するもののいなかった「ヴィオラ」のためのソナタとして顧みられるべきであろう。日本における創作の前例としては諸井三郎による1935年の《ヴィオラとピアノのためのソナタ》が挙げられるのみという状況での作曲であった。

　矢代の《ヴィオラとピアノのためのソナタ》は1949年作。ヴィオラ奏者の河野俊達（1922-2013）に献呈されている。河野は、子供のための音楽教室や桐朋学園で小澤征爾や優秀な音楽家を育て、立ち上げ間もない日本フィルハーモニー交響楽団のヴィオラ首席としても活躍した。東京藝術大学にヴィオラ科ができるきっかけになった音楽家ともされる。一体、このソナタが、どのような経緯で作曲されたのかは残念ながら不明である。矢代の没後、矢代の師である池内友次郎と矢代の盟友の三善晃が監修して作られた『矢代秋雄全集』には収録候補として上ったものの結果的に収録されずにいた。作曲者の公式なコメントも現在までに見つけることができていない。しかし、この当時の矢代の創作を調べると多くの弦楽作品が作られている。1946年に《ヴァイオリンとピアノのためのソナタ》、1948年に卒業作品の《ピアノ三重奏曲》、1949年に《ヴィオラとピアノのためのソナタ》と《ヴァイオリンとピアノのためのセレナーデ》、1950年には《ヴァイオリンとピアノのための3つの小品》という具合である。

■演奏・出版への経緯

　このソナタに注目が集まったのは、ヴァイオリニストの浦川宜也による発見と初演である。浦川は、日頃から矢代の創作について「日本的な感性をフランス的な知性で捉えて客観を持たせたもので、高く評価されるべき」と考えており、当時アメリカ在住だった河野俊達に会ってこのソナタの存在を知り、1998年6月5日にサントリーホール・ブルーローズで初演したのである。このときまで演奏されずにいた理由として「戦後の混乱や河野のアメリカ移住、作曲者のフランス留学ほか諸事情から、長く陽の目を見ずにありました」と初演パンフレットに掲載されている。しかし、未出版のままで時は流れた。2015年、ヴィオラ奏者の伊藤美香によって再び取り上げられた結果、今回の出版につながったのである。

　出版にあたって、フィナーレの3小節だけ空白になっていたヴィオラ・パートが補筆された。矢代が何故に空白のままとしたかは不明であるが、その部分を矢代秋雄の教え子でもある西村朗が違和感のないように音を加えたのが今回浄書出版された楽譜となる。補筆版の初演は、2019年11月12日「B→C伊藤美香ヴィオラ・リサイタル」である。

■作品について

　作曲当時の矢代は20歳。フランス留学前であり、諸井三郎、橋本國彦、池内友次郎、伊福部昭を師に持つ作曲学生であった。学生時代の矢代は、自作のピアノ協奏曲のソリストとしてピアノを、学生オーケストラではティンパニを担当していた。そのような経験も活かされ、律動的な部分ではピアニスティックな書法も際立っている。ヴィオラは高音や重音も多用され、ストラヴィンスキー、バルトーク、プロコフィエフに通じる音楽性も発揮されている。若き日の矢代が意欲的に様々な要素を吸収して、未だ日本人による作品の少なかったヴィオラのために、そのレパートリーとなるべくソナタを作曲したと考えられるかもしれない。ラヴェルやフォーレに連なる透明感ある音選びと入念な仕上げの良さ、豊富な要素を繊細に配置してゆく構造美は、その後の作品と比べても遜色ない輝きを放っている。

第1楽章　Allegro moderate
ニ短調。日本的な感性も聴き取れるような2つの旋律がソナタ形式でかけあわされる。約9分。

第2楽章　Berceuse, Andantino
ヘ長調。子守唄。透明感あるピアノの響きの中で歌い上げるヴィオラが非常に効果的である。約6分。

第3楽章　Finale, Allegro assai
ニ短調。自由なロンド形式で、新古典主義的な風合いも加えて破綻ない構成である。コーダで第1楽章の主題が表れてダイナミックな終止を迎える。約7分半。

文・西 耕一

A Monsieur Shuntatsu KONO

SONATE
pour Alto et Piano

Ⅰ. Allegro moderato········ *4*

Ⅱ. Berceuse, Andantino········ *15*

Ⅲ. Finale, Allegro assai········ *22*

本版は、間宮芳生氏による清書楽譜をもとに、可能な限り原譜に忠実に浄書しています。
スラー等補足事項に関しては、巻末を参照ください。

SONATE
pour Alto et Piano
ヴィオラとピアノのためのソナタ

I

矢代秋雄 作曲
Composed by Akio YASHIRO

© 2019 by ONGAKU NO TOMO SHA CORP., Tokyo, Japan.

Contemporary Music of Japan

SONATE
pour Alto et Piano

Akio YASHIRO

Alto

現代日本の音楽

ヴィオラとピアノのためのソナタ

矢代秋雄

ヴィオラ

音楽之友社

ONGAKU NO TOMO EDITION

SONATE
pour Alto et Piano

ヴィオラとピアノのためのソナタ

I

矢代秋雄 作曲
Composed by Akio YASHIRO

Alto

© 2019 by ONGAKU NO TOMO SHA CORP., Tokyo, Japan.

Sonate

pour
Alto et Piano

par
Aquio Yashiro
1949-1950

日本近代音楽館所蔵楽譜 表紙複写

II

36

●補足事項

第1楽章
78、79小節目のピアノ・パートは、原譜にスラーなし。ただし15、16小節目参照。
122、123小節目のピアノ・パート、同上。
101小節目のピアノ・パート右手3拍目は、原譜にスラーはないが、102、103小節目等参照し加えた。

第2楽章
ヴィオラ・パートは、アーティキュレーションに応じた自然なスラーが必要と思われるが、適宜演奏家の判断に委ねる。
50小節目のピアノ・パート左手は、原譜にスラーはないが、48小節目等参照し加えた。

第3楽章
26小節目からのピアノ・パートは、原譜に *simile*、スラーなし。
201小節目からのピアノ・パート、同上。
終結部のヴィオラ・パートは、原譜では212小節目まで記譜されており、212小節目のアクセントおよび213小節目から215小節目は、西村朗氏の補筆によるもの。

皆様へのお願い

　楽譜や歌詞・音楽書などの出版物を権利者に無断で複製（コピー）することは、著作権の侵害（私的利用など特別な場合を除く）にあたり、著作権法により罰せられます。また、出版物からの不法なコピーが行われますと、出版社は正常な出版活動が困難となり、ついには皆様方が必要とされるものも出版できなくなります。
　音楽出版社と日本音楽著作権協会（JASRAC）は、著作者の権利を守り、なおいっそう優れた作品の出版普及に全力をあげて努力してまいります。どうか不法コピーの防止に、皆様方のご協力をお願い申し上げます。

株式会社 音楽之友社
一般社団法人 日本音楽著作権協会

LOVE THE ORIGINAL
楽譜のコピーはやめましょう

〈現代日本の音楽〉
ヴィオラとピアノのためのソナタ

2019年11月30日　第1刷発行

作曲者　矢代　秋雄
発行者　堀内　久美雄
　　　　東京都新宿区神楽坂6の30
発行所　株式会社 音楽之友社
　　　　電話 03(3235)2111(代) 〒162-8716
　　　　振替 00170-4-196250
　　　　https://www.ongakunotomo.co.jp/

493715

落丁本・乱丁本はお取替いたします。
Printed in Japan.

楽譜浄書：中村匡寿
編集協力：伊藤美香
印刷／製本：(株)平河工業社